JN439710

차례

하랑 주정자 시집

자 리

초판1쇄 인쇄 · 2014년 3월 10일
초판1쇄 발행 · 2014년 3월 15일

지은이 · 주정자
펴낸이 · 윤영희

펴낸곳 · 도서출판 **동행**
등록번호 · 제2-4991호

주소 · 서울시 중구 충무로 7길 17 (난빌딩 303호)
편집부 · (02) 2285-0711
영업부 · (02) 338-2734
팩 스 · (02) 338-2722
이메일 · gongamsa@hanmail.net

값 8,000원

ISBN 978-89-94227-83-2 03810

자 리

하랑 주정자 시집

첫 장을 열며

나를 닦는다
한 순간순간 틈새 없이
삶을 닦달하였다
내 마음에 드는 시
두뇌를 흔들며 번민하여 써보자
한적한 마음 한구석
달래주고 위로해주고 사랑도 해주자
그리고 나를 위해 살자
당연히 얻은 것 많고 아쉬움도 많은 시간
좀 더 나아가야 하는데
아직은 미흡하다
얼마나 가야 하는가
시작을 잘 준비하여
새롭게 나아가련다

나를 닦고 다시 도전하리라
시집을 펴낸다
보고 느끼고 생각한 단어들
자음이 만나고 모음이 모여
마음을 표현한다
그리고 시로서 울림이 되고 공감이 되어
삶을 조금이라도 나타내고 싶다

2014년 봄
하랑 주정자

CONTENTS

2 유채꽃 만개한 웃음

CONTENTS

3 그리움 설렐 때

4 바람 견딘 꽃

CONTENTS

5 내어주다

1

나를 닦다

여자로 태어나서

남자의 여인으로
시어머니의 며느리로
아이들의 엄마로
다시 시어머니
그리고 손주들의 할머니로
한 바퀴 돌아오는
발걸음
발자국

마냥 묶어 놓고 싶으련만
바람은 쉬지 않고 찾아와 동무하고
물소리는 쉼을 주는 자장가

내 과거는 아직도 진행형
엄마로 살아온 시간
때로는 물도 되고
때로는 불도 되는
난 여자, 그런 여자인데
집안 살림살이하는 도우미
밥상의 부스러기 치우는 머피
그보다도 조금 못한 존재
희생이란 단어가 잘 어울리는

그런 엄마,
엄마도 여자란다

나를 닦다

한겨울 황사경보가 발령된 날
때아닌 한 줄금 비까지 내려
얼룩소가 된 차
세차를 하고 나니
햇살은 구슬을 머금고 뱅그르르
나를 굴린다

발아래 감춰진 것들
한 겹 한 겹
벗겨 놓으면
아마도 작은 산이 될 것
접혀진 생각
구겨진 마음

뿜어져 나오는 물보라에
일어서는 무지개
휘이익 사라지듯
굽이치며 닦여 사라지는 것
하늘빛 바다에 뜨는
나 거기 있다

그늘

여름을 손짓하는 푸르름 속에
바쁜 세상살이 쉬어 가라고
늙은 소나무
세상이 시끄럽다 말하지 않는다

철없는 개구쟁이 돌팔매
자동차의 매연
스멀대는 벌레 짓

나무는 그늘 자리 쉼 자리 내어주고
오는 사람 가는 사람 지켜보며 반긴다
삶의 뒷모습을 돌아보고
나를 바라보니
길이 턱이다

5월의 나

시간의 쳇바퀴가 용트림한다
나를 지우고 돌아가고 싶다
어느새 중년의 나이
어느 곳에 가도 시간의 주름은 펴지지 않는다
붙잡으려 해도 저항하며 떠나간다
울컥거리는 마음을 달래려고 꼭꼭 씹는다
오월이 사뿐히 내려앉으며 속삭인다
코끝을 여미는 아카시아
꽃의 독무대가 펼쳐지고
드디어 장미꽃이 주름잡는다
봄이란 녀석은 새싹과 꽃의 향연
나를 설레게 하는 요술램프

김장을 하며

유난히 잦은 비에 잘도 견뎌낸 배추
고갱이 꽉 차
동서남북 가름 질
소금 발에
숨죽인다
주저앉는다

모나게 살지 말자
비뚤게 살지 말자
부질없는 아성도 자아도
둥글게 잘 절이자
소금이 쳐질 때마다 쓰라리고 아린 고통
참자, 그게 사랑을 안는 길
갈라진 상처마다 채워지는 인내

삶이란
한 가지 한 가지 채워 가는 것
하루하루 성숙해 가는 것

나의 길

길을 걷는다
오르막길
내리막길
때로는 좁은 길
때로는 넓은 길

이 길을 그이와 함께 걷는다
세상에서 가장 값진 길
그이 없이 걷는 길은
외로워 쓰러지고
힘들어 넘어지고

옆에서 지켜주며 세워주는
그이와 길을 걷는다

추억의 여행길

시간은 추억을 만든다
대청호 변 잔디밭에 자리잡고 앉아
지난밤 번뇌를 내려놓는다
황금 잔디 푹신한 요에
흰 구름 한 자락 이불 삼고
벌러덩 누워 바라본 먼 하늘
깊은 한숨 다가온다
고추잠자리 내게 묻는다
무슨 사연의 한숨인가?
나를 보라, 고민을 호수에 띄워 보내라

엉클었던 마음의 보따리
설렁설렁 물결 따라 씻어내고
어릴 적 추억 속으로 빠져든다
기쁨과 소망 한 보따리
설렁이는 마음으로 돌아온다

범인 수배 중

큰아들 같은 남편 출근시키고
작은아들 학교 데려다 주고
후유~
모처럼 커피 한잔 타서 소파에 앉아 TV 켠다
화면 가득 낯익은 얼굴들
이름이 뭐더라
탤런트 가수 그들 이름이 기억나질 않는다
이상하다
어디로 사라졌나
자리에서 일어나 방을 닦으며 생각한다
작은아들 방은 닦았나
방금 닦은 방은 어디였지
생각이 안 난다
다시 한 번 닦기로 한다
왜 이럴까
전화번호 찾기 단축번호 메모장
환경호르몬의 반란인가
젊음을 도적질한 범인을 수배한다
이름 : 기억
나이 : 모름
현상금 : 억! 억!

시험을 앞두고

시험 날이 코앞에 다가왔다
과목마다
한 번 쳐다보고
두 번째 훑어보고
세 번째 외워본다
웬일일까
두뇌 컴퓨터 작동에 이상이 생겼나?
저장되지 않는다
무엇이 문제인가?
평생 1%도 쓰지 못하고 산다는 사람의 뇌
두뇌의 반란이 시작된 것일까?
한 과목 한 과목 다시 살펴본다
외로워하는 언어들의 애원
자주 만나 달란다
다시 사귀자
친구로 깊숙이 정을 채운다

답안을 찾아

며칠째 두뇌를 흔드는 폭풍
A4용지 14장씩의 두 과목 시험문제가 울창하다
어떻게 헤쳐나갈 것인가
앞이 보이지 않아 두근두근
시험 당일, 혹시 다른 길을 살펴본다
시간 따라 다가와 쥐어진 문제
일주일 간 암기한 문제는 모두 날아가고
혹시나 하던 길에 자국이 선연하다
역시 시험은 어렵다

우리의 삶도 시험
어떤 이는 물질의 시험
어떤 이는 정신의 시험
어떤 이는 육체의 시험
예상치 못하는 시험의 난관

어떻게
지혜롭게
슬기롭게
시험의 답안이다

정말 한숨이다

비상사태 선포다
정확한 기억은 없지만
고장난 지 이미 십여 년
대형사고 몇 번 치르고
아직도 제정신 차리지 못한다
깜빡깜빡
주기억장치 문제인가
아니면 업그레이드가 필요한가
저장이 안 되니 출력은 아예 꿈도 못 꾼다
시험 날짜는 코앞에 다가오는데
안절부절
두뇌에 좋은 음식 먹으면
이제라도 회복될까
정말 한숨이다

허망

몇 달째 복용하고 있는 관절약
관절 아닌 얼굴이
관절 아닌 손이
퉁퉁 붓는다
가렵기도 하다
몸무게는 점점 불어나
체중계 눈금이 놀란다
이게 내 몸인가
내 몸을 내가 조절 못하다니
잠시 약을 끊어 본다
아니 영영 끊어 보고 싶다
좋아지라고 먹는 약에 나빠지는 몸
내 몸 내가 지키지 못하는 어리석음
미안하다
한 해가 가고 다시 찾아온 해
해가 거듭될수록 몸은 피라미드를 향해 간다

멀리하고 싶다

겨우내 찾아오지 않던 손님
며칠째 찾아와 묵고 있다
반가울 리 없다
슬며시 보내고 싶다
주섬주섬 보따리 챙겨
제2 고향 집으로
아주 멀리멀리 보내고 싶다

보내야 한다
무엇이 그리 아쉬운가
차마 발을 떼지 못하고 머뭇거린다
단지 며칠 있는데 슬며시 지겨워진다
저 멀리 재잘거리는 봄 소리

멀리하고 싶은 인연
보내야 한다
약을 먹고 주사도 맞았는데
꿈쩍도 하지 않는다

오늘은
무슨 일이 있어도 보내야 하는데

일기예보

오늘 비가 오겠다
관절이 부딪히며 예보한다
근래 빗나간 적 없는 몸의 날씨
기상청 일기예보보다 더 정확하다
몸이 과학의 힘을 앞지르고 있다
윤활유 역할에 소홀했던 혈액이
영양 부족으로 삐걱대는 것인지
빈 수레 굴러가는 소리다

갓 태어난 아기처럼 보살펴야 했다
아껴야 했다
사랑해야 했다
마음과 몸의 다툼은 시작되었고
며칠째 화해의 손길은 전혀 보이지 않고 있다
온몸이 쑤시고 아프다
정확하게 찾아오는 비
나이 소리에 흠뻑 젖는다

신호등 앞에서
—퇴원을 하고

신호등에 빨간 불이 켜졌다
외길목에 무슨 신호등?
누군가 훔쳐볼까 두리번두리번
무단 횡단한다
"위험하니 제발 멈추시오"
신호등을 지킨 자는 안전
신호등을 지키지 않은 자는 사고

빨강 신호등이다
자신을 혹사한 것이 후회된다
가슴이 저리다
응급 상황
빨간 차에 몸을 싣고 병원으로 직행
대형사고다 전례 없는 큰일이다
무반응이다
"하나님 살려주세요. 걷게만 해주세요"
눈물 콧물 몇 며칠
다시 노랑 신호등
이제 파랑 신호등이다

몸은 말한다
아끼고 보살피고

괴롭히지 말고 지켜 달라고
외친다

종합검진 받은 날

장(腸)을 비워야 한다
코르티스산 여덟 봉 쳐다보니
어둠의 그림자 무겁다

한 병 그저 먹을 만하다
두 병 세 병 네 병째 소식이 온다
매스껍더니 내장의 반란
설사로 견디기 어렵다
기계가 보여주는 뱃속
기막힌 사연 수많은 욕심
위장 대장 깨끗하다니
고맙다
삶이란 위대한 일
비우고
채우고
버리고
누리고
얻어도
만족하지 못하는 욕망
생명은 소중하다는 것 다시 새긴다

휴대폰

불을 켜고 불을 끄고
물을 긷고 물을 쏟고
한 지붕에서 살아온 30여 년
달라도 너무 다른 나
휴전 없는 전쟁의 나날

어느새 중년의 나이
산 그림자 아래 쪼그려 앉아 바라보는 나
안개에 갇혀 있다
허름한 바지에 먹다 남은 밥
양푼에 비벼 꿀꺽꿀꺽
세월을 삼킨다

퇴근 시간
오늘은 어느 곳으로 갈까
이제나저제나 기다리다 지친 충혈된 마음에
휴대폰을 걸어보지만
'연결이 되지 않아 음성사서함으로 넘어갑니다'
예쁜 목소리 유인

그리로 들어갔을까
눈앞에 그려지는 추상화

다 펼쳐지기 전
현관문의 삐삐삐 신음
고주망태다
저, 웬수
여보, 미안해
사발꽃처럼 늘어지는 넋두리
부끄럽다 손사래

세월 속의 자아실현

한 발짝 한 발짝 내딛는 길
더러는 굽은 길
더러는 쓸쓸하고 외로운 길
그러나 가야만 한다
끝없이 걸어야 할 길
오늘
이 길을 나 혼자 걷는다

컴퓨터구성장치
플로디스크 자기디스크 광디스크 하드디스크
다양한 용어들
많이 듣지만
생소하다
보조기억장치와 주기억장치 속도조절장치인 버퍼케시 등
시대가 바뀌어 새로운 시작이란
힘들지만, 점점 알아간다는 것
성취감이지
세월 속의 자아실현이지

콩나물이 자라듯
도전은 아름다운 열매로 결실을 기다린다

2

유채꽃 만개한 웃음

미련의 덫

어둠 끝을 잡고
하늘의 얼굴을 바라본다
지난밤 반짝이며
도심 수놓았던 그대
나를 기억 속에 가두어 놓는다

어느 때인가
그대가 많이 보고 싶었다고 고백하며
다가올 날 생각 속에 빠졌건만
점점 미끄러져 가는 세월은
얄밉기만 했다
바람은 움푹 파인 가슴을 후벼낸다

그대의 그길, 정녕 거기 계신가요
아쉬움만 사랑 된
미련의 덫, 그대

그 사람이 기대선 그곳

시간의 초점이 몇 바퀴 굴렀을까요?
새까맣게 타버린 마음
이슬로 가슴 적시며
과거의 사연 담벼락에 흩날리고
삭히고 삭히었습니다
바람 소리에 귀 막고 쉼 없이 올곧게 섰습니다
손에는 마법의 지팡이가 있고
두 눈엔 붉게 물든 넓은 들녘이 펼쳐지며 환호성입니다
쏟아져 내려앉는 볕도 가슴 미어질 듯
넘치는 기쁨 속에 연회장을 꽃피웁니다
때론 힘껏 두드리고
때론 지혜롭게
그렇게 사는 사람
그 사람이 기대선 곳엔 겨울은 없을 것입니다
늘 있어야만 할 그 자리
묵묵히 지키며 살다보니
탄생의 그해 그날 그 빛을 밝힙니다

빛진 인생

당신 쪽을 바라보며 살아왔다
뒤를 돌아보지 않았다
이정표 하나에 두 길
숨 고를 새도 없이 달려온 길
허기를 채우지도 못한 가파른 길
벼랑까지 내몰리던 작은 움집
무명의 사연들
아무도 탓하지 않으리
지금까지 달려온 길
조이고 동이고 매어서 쩍쩍 갈라졌다
삶의 고개들이 어른거린다
시작도 담고
끝도 담아
자신을 깨닫는다
당신의 발자국에 시린 가슴 기대본다

손님 맞기

남편 생일이다
무슨 선물을 할까
직원 한 사람 한 사람 몫으로
호박떡을 정성스레 싸고
꽃바구니 한 아름 짊어지고 간 사무실

"축생일! 아내가"
사무실이 난리법석
꽃바구니에 쓰인
"아내가"
오직 시인만이 쓸 수 있는 말이란다

카톡에 남편이 올린 사진
"역시 아내"
라는 작은 글씨가 화제 인물 되어
꼬리 글이 줄을 이었다

이제 부담된다
그이와 나
케케묵은 벽지처럼 얼룩져
손님을 맞이하고 있을지 모른다

빨리 찾아와 주세요
이왕이면 화이트칼라로

추석 맞이

한가위 종이 분주하게 울린다
대추 밤 감 사과
탐스럽게 자리매김하고
오늘의 초대손님을 기다린다
한울 가족들 이야기꽃이 핀다
둥근 달이 뜨는 송편
경상도는 그저 꾹꾹 눌러 남성의 성격 드러내고
충청도는 내숭을 떠는 반달
깨고물 콩고물 밤 고물
다양한 식성 따라 생김도 갖가지
조카는 깨고물
나는 콩고물
동생은 밤 고물
살아가는 모양도 각각 다르니
이러한들 어떠하리 저러한들 어떠하리
수수방관
짜고 매운 욕심 둥근 달에 담아내는
그저 넉넉한 그런 사랑 떠오른다

바라보라

모처럼 부부동반 여행길
출발부터 삐거덕삐거덕
고소공포증 그리고 멀미
물샐틈없는 준비로 드디어 도착

먼저 자연을 송두리째 내어준 이에게 감사
사람이 먼저인 나라
자동차의 울림은 어디에 있는가
귀가 의심스럽다
공원마다 가스 불 밝혀주고
자연은 사람을 벗 삼고
사람은 자연에 벗 되는 곳
여유와 평화를 말하지 않아도
가슴으로 느끼는 지구촌
그랜드캐넌 자이언츠 와이키키해변
묵묵히 자리 잡고 미소 짓는다
태평양은 여유를 더하고
겹겹 쌓인 주름진 색의 조화
춤사위로 대답한다
그저 바라보라 그리고 내게 말하라
지켜주겠다고 대답하는 곳

1월 여행

눈송이보다 더 푸근하고 깨끗한 구름 위
6,700피트의 상공을 날아 도착한 제주도
가족 여행길이다
초록이 물든 곳엔
여지없이 귤들이 가지에 매달려 반기고
유채꽃 만개한 웃음이 노랗다
오뉴월이 돼야 나오는 마늘 싹까지
1월의 푸른 표정이 흐뭇하다
물질하는 해녀의 모습은
의욕을 마주치게 하고
볼거리 먹거리가
풍성한 시간에 빠지면서
가족애를 느낀 새해의 여행

자반고등어

나무토막 결 따라 위에서 아래로 도끼로 내려친다
쩍쩍 갈라진 장작개비 한 아름 안고
가마솥 아궁이에 불을 지핀다
훨훨 타오르는 불꽃
이내 숯불로 자리매김한다
며칠 전 갓 잡아 올린 자반고등어 한 마리
석쇠 위에 가지런히 뉘어놓고
숯불 위에 얹는다
지글지글 살점 익는 소리
입맛을 돋운다
자반고등어 한 마리에 흠뻑 빠져본다
가시를 발라
한 첨은 남편 밥숟가락에
또 한 첨은 아들의 밥숟가락에 얹어준다
남은 생선은 내 밥숟가락을 향하고
그나마 없으면 된장찌개로 대신한다
아내의 자리
어머니의 자리는 늘 이렇다

며느리가 왔다
다시 자반고등어를 구웠다
그런데 며느리도 나와 똑같이

고등어를 발라 주는 게 아닌가
왠지 가슴이 시리고 서글펐다
이게 여자의 생애인지

며느리 이야기

며느리는 시어머니 닮아 들어온다는 말이 있다
우리 집 이야기다

며느리가 입덧한다
울컥울컥 토해내는 며느리
꼭 내 모습이다
어떻게 해야 하나
너무 야윈 며느리
안쓰럽다
어쩜, 저렇게 꼭 나와 닮았는지
동분서주하며 좋다는 것 구해오는데
입에서 거부한다
세월아, 빨리 가거라

아기가 태어나야 멈추는 입덧
곱디고운 몸, 착한 며느리
제발 입덧 멈추고
순산하길 기도한다
사랑하는 며느리야

난 아직

세상이 궁금한가 봐
더는 참지 못하고 열흘 앞세우고 나왔다
고아라, 어여빼라
손자 녀석
아가의 울음소리 얼마 만인가
얼굴 닮겠다
이리 보고 저리 보아도
세상의 그 어떤 말로 형용할 수 있을까
우리 집의 인꽃

온 집안 향기 가득하다
바라보고 쳐다보고 올려봐도
그저 어여쁜 아가

준비되지 않은 할머니
할머니란 단어가 어색하다
엊그제 내가 시집왔는데
세월은 나와 상관없이 할머니를 만든다
난 아직 이십대 젊은 여인
손자 녀석 미안하다

사랑의 눈물

오늘은 내일의 과거
지금은 과거로 간다
산남동 전자대리점
남편과 3D 영상을 보다가 기절할 뻔했다
이렇게 빨리 확산될 줄…
듣는 것과 보는 것에 대한 차이
남편은 덜컥 계약했다
막내 처제를 위한 선물이다
30년 넘게 살아온 부부라 하여도
이렇게 마음 쓰다니
처제마다 냉장고는 맡아 왔지만
오늘은 꼭 안아주고 싶다
촉촉한 사랑의 눈물이 밴다

장마가 시작된다

무엇을 해야 하나?
무작정 마트에 갔다
열무가 빤히 쳐다보고
얼갈이배추 손짓한다
밭에서 달려온 홍고추 숨 가름하고
마늘 녀석 제각기 뿔이 돋아나
노려본다

우리 집으로 가자
어깨동무하고 무동 태워
수돗가에 다다르니
신 난다
소리친다
삼 년 넘은 매실 액기스
찹쌀풀 마늘 홍고추 어우러지니
그 맛!
열무국수 열무냉면
시원하다

샌드위치 세대

마음 졸이며 기다렸던
둘째 손녀 태어나
분주한 하루다
순산한 며느리 착하기도 하지
이리 뛰고 저리 뛰고
숨이 턱에 오른다
형용할 수 없는 생명의 신비
손자 돌보기
병원 가기
미역국 끓여주기
팔을 걷어붙이고 이리저리 허둥댈 때
손녀딸 배냇짓으로 씽긋 웃는다

시어머니 뒷바라지
며느리 뒷바라지
여자 오륙십대는 샌드위치 세대다

엄마처럼

곱디고운 손
마디마디 거칠어지고
예쁘디 예쁜 얼굴
잔주름 늘어가더니

어느새
앙상한 가지처럼
훌쭉 메마른 주름 골 깊어져

부르면 부를수록
가슴 뭉클해지는 나의 엄마
나이 쉰 고개를 넘었는데도
아직 철없이 엄마라 부르네

풍파 많은 세상에서
모질고 힘든 길을 걸으신 엄마
당신이 자랑스러워
당신을 닮습니다
엄마 엄마처럼

세상에서 가장 아름다운 그 이름

새해 첫날 아침
원단(元旦) 세수(歲首) 연수(年首)
세배 올린다
유난히 측은한 모습
늙으신 부모님께 세배 드린다
덕담 한마디
건강해라
순간 가슴이 미어진다
자식으로 도리를 다하지 못한 것 같다
엄마!
나 졸업할 때 반지 서 돈 해주는 거지
잊지 않고 계신 어머니
문득
내년에 또 세배를 올릴 수 있을까
살아계셔서 감사하다

점점
겨울 산 외로이 서 있는 나무
케케묵은 각질
옹이진 곳
산새들이 쪼아먹은 자리
부러진 가지들

굽이굽이 살아온 흔적

어머니
돌아간다는, 돌아가는 자연의 이치
딸 마음 서글프기만 하다

푸념

하늘이 화가 났다
모습은 보이지 않고
달그림자에 슬그머니 숨어
심술궂은 시어머니가 되었다
온종일
살을 에는 듯한 칼바람 속에
우박이 그칠 줄 모르고
쏟아 붓는다

요즈음
내 어머니에게
유아기가 온 것 같다
인생길 팔십이 넘었으니
서운하신 게 많은 모양이다
딸보다 아들을
더 귀히 여기는 터라
딸 마음을 아는지 모르는지
푸념을 거르지 않으신다

연세가 높아 그러려니
궁핍의 시대에
남아 선호사상의 시대에

힘겹게 살아오셨으니
그럴 수 있겠다

이해해 드려야지
잘 모셔드려야지
당신의 손발이 되겠다고
다짐을 한다

저린 눈물

마지막 뒷모습은 보고픔
살아생전 섬길 일 다하지 못한 회오 속에
어머니의 체취마다 맺는 눈물

30여 년 함께 살아오신
청정한 목소리
아무 말씀도 아니 하시고
고개만 끄덕이신 그리움

운명의 시간
고르지 못하신 숨소리
며느리 품에 몸을 맡기시고 임종하신 어머니

'올곧게 살아라'

잘못도 커 울컥울컥 목을 놓는 울음
92년 생애
마지막까지 며느리 허리 아픈 것 걱정하시다
주님 계신 본향으로 돌아가신 어머니
저려옵니다
그립습니다

아버지의 인고

흘러간 세월
열여섯 어린 나이
장남인 형에게 날아온 징병통지서
고심 끝에 둘째 아들인 나의 아버지
노부모님과 동생을 부탁하고
스스로 택한 지옥 같은 탄광 길
생각조차 하기 싫은 일제치하
모진 고통과 치욕
말로 표현할 수 없는 중노동
드디어 8.15해방 그해 시월
꿈에 그리던 고국 땅을 밟고 결혼
그 기쁨도 뒤로 한 채
6.25사변으로 또다시 나라의 부름 받아
전쟁터 용사로
몇 번의 생사 갈림길에 섰던
나의 아버지
여든이 훨씬 넘은 연세에 백내장 수술
걸핏하면 각혈
일제 강점기의 아픔 한국전쟁
이 시대의 젊은이는 모르리
나라 없는 서러움을
나의 아버지는 지나온 세월로 인해
병든 몸과 고통뿐이라네

3

그리움 설렐 때

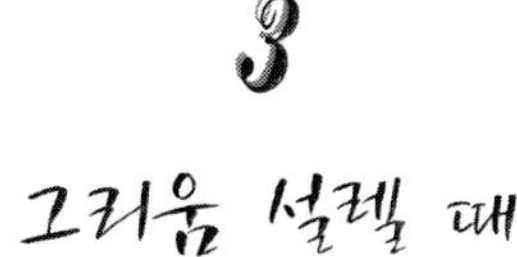

길 따라 길 / 봄의 소리 / 그때로 가고파 / 골목 정경 / 다시는 오지 말라고 / 그 자리 / 기대 / 장밋빛 삶 / 허기를 채워준 곳 / 가을을 만나다 / 그리움을 뒤로 한 채 / 가을을 그린다 / 가시밭길에서 / 새롭게 단장한 네 모습 / 가래떡을 뽑으며 / 묵히고 싶은 시간 / 엄마가 보고 싶어요 / 길은 오르막이다

길 따라 길

봄을 만나러 가다가
옷깃을 여미는 칼바람을 만난다

삼월의 나들이
길을 걷노라면 여러 갈래 길이 있다

사람이 만든 길
그건 편리를 위하여
자연이 만든 길 그건 섭리겠지
그리고
인생의 여정

이제껏 내가 추구해 온 것은
가장 자연에 가까운 것이 아닌가
누군가 먼저
개척하여 편리해진 길
자국 자국 걸어온 흔적들
각자의 길로 향한다

봄의 소리

저 멀리서
춤사위 벌이며 찾아오는 봄
가냘픈 아지랑이
개나리 재잘재잘
진달래꽃 단장하고 여인 가슴 파고든다
겨우내 어미 품에서 잠들고 깨어난 목련
첫사랑 찾아 이리저리 헤매다 지친 모습
조금 더 견디지 못하고
펼쳐진 잔치
벗이여
꽃이여
사방을 찾아도 보이지 않는 님
향기로 소식 전하는 그대
천리를 간다 해서 천리향
사랑 찾고
님 찾고
꿈 찾는
나그네 인생길
어느 곳이 정착지인지 그대는

그때로 가고파

초록이 품은 오월의 향기
찾아오는 이
찾는 이 없는 오후
뒤뜰에 강아지 늘어지게 하품하고
부드러운 바람의 유혹에
가슴 진한 그리움 설렐 때
새하얀 부드러움
뉘 마음을 흠뻑 적시어 주는가
코끝에 스며드는 그대 향기에 취해
사랑하는 이
보고 싶은 이
만나고 싶어지네
아카시아 피고 질 때
만났던 그 시절 그때로 가고파

골목 정경

어둑한 골목길
어설프게 술에 취한 여인
비틀거리며 사내 품에 안긴다
가냘픈 흐느낌
“내가 너를 어떻게 잊어
차라리 잘해주지나 말던지“
멀리서 들려오는
애절한 여인의 목소리
어떤 사연이기에
꼭 껴안은 채
날이 새는지도 모르나
아마도
이별을 앞둔 사랑인가 보다

다시는 오지 말라고

존재 의미가 없는 너
내 어이 그렇게 싫어했건만
눈치도 없이
나를 매우 사랑했던가
만나보고 찾아보고 싶다고
사정해도 거절했는데
여전히 나의 품이 그리운지
포근하게 감싸 안은 순간
나의 몸은 천근만근
너를 버리려고
병원 응급실로
두 번이나 실려가 링거 맞았는데도
나의 몸을 보름 넘게
보금자리로 착각한 너
다시는 내게 오지 말라고
질끈 머리를 동여맨다
콜록

그 자리

짙푸른 애호박 뚝딱 따다
보글보글 뚝배기에 넣고 끓인
청국장 맛이 일품이다

누렇게 익은 호박
넓은 파내기에 새알 수제비
넝쿨 콩 넣고
가마솥에서 두어 시간 푹 끓인
호박범벅
동네잔치하고 남네

우리 삶도 마찬가지
젊으면 젊은 대로
늙으면 늙은 대로
모두가 있어야 할 그 자리
푹 익어야 꼭 필요한 존재

기대

날갯짓하는 잎새가
반갑게 속삭이며
6월을 소개한다

벌써
반년이 흘러가는데
정초에 세운 계획
잘 지키는가 묻는데

글쎄
전혀 지키지 못하는가
그럭저럭 인가

다시
잘 지키고 있는가 묻는다면
제발 말하지 말게나

장밋빛 삶

뭉클뭉클한 가슴을
촉촉 적시는
가랑비 속을 걸으며
그대를 바라본다

서로의 마음 달래듯
방긋 웃으며
고개 숙여 내게 묻는다

그대의 가시덩굴
예수님의 가시면류관
머리로 지은 죄
헤아릴 순 없지만
용서받고

붉게 물든 꽃잎
하나하나 죄악들을
덮어주는 보혈

온 누리에
그리스도의 향기
가득하기를 기도한다

허기를 채워준 곳

소담스럽게 덮여
시간조차 멈춰버리게 한 눈
진한 겨울을 맛보게 한다
덜커덩 윙윙
눈길도 거센 칼바람으로 마중하고
틈새로 스며든 햇살이 몽실몽실 피어나는 곳
한 걸음 한 걸음 발자국 남기며
가파른 고갯길 헤매다 머문 자리
고향의 숨소리 느껴지는 외로운 집 한 채
쉴 곳을 내어줘 허기를 채워준 곳
계곡은 나를 푸근히 감싸주고
물소리에 젖는 향수

내일을 달리는 굽이진 발자국
숨이 산울림으로 턱에 차 정상에 오른
그날 그곳

가을을 만나다

잊고 살아야 할 것
버려야 할 것
한 송이 꽃으로 향기 내린다

봄부터 그렇게
인고의 세월을 보내고
꽃으로 화장한
얼굴을 선보인다

스스로 수줍어 말 못하고
숨어버린 낮달처럼 형체를 잃어가지만
탱글탱글 영글어 가는 삶의 진주
희생하며 베푸는 그대 모습에
흠뻑 빠진다

사랑하는 것
좋아하는 것
진작 눈치를 채 다가온다

마음을 안정시키는 특효약
그대는 보약
올가을에
그대 모습 더욱
그리워진다

그리움을 뒤로 한 채

짙푸른 속살 구름 뒤에 숨긴
바바리코트에 중절모 쓴 노신사
가슴에서 들려오는 가을 소리
둘이서 하나 될 때 사랑이 트듯
곱게 단장한 여인의 뽀얀 얼굴처럼
단풍잎도 둘이 하나 될 때
아름답게 물들여진다네
산자락 굽이굽이 오색으로 덮은 이불
정에 타오르는
그대의 뜨거운 가슴
곱디곱게 물든 빛
다 태우진 못하네
쪽빛 사이로 흐르는 시간 따라
그대 모습 잃어가며
하늘 변두리에서
스스로 지워져 가는 낮달처럼
그리움을 뒤로 한 채
저 멀리 떠나가네

가을을 그린다

먼저 가기 아쉬워 물조차
붉게 물들여 놓고
금세
울음이라도 터뜨릴 것만 같은 너
가을이라는 화가
노랑 빨강 연둣빛으로 물들이고
구름도 머물다 가는 이 가을
단풍은 오랜 시간 지나
새로운 의미를 부여했는지
남은 빛깔 더는 찾아갈 곳 없어
떠나간다

민둥산 아래로 자욱한 구름 일어서고
파도치는 갈대밭 은빛 억새는
바람의 여행길 되어
산천 풍경 한 움큼 끌어안고도 여전히
허전하다
시간은 다시 오지 않는 환희의 찰나
짙은 구름 뒤에서도 태양은 빛나듯
노을이 살포시 좌정한 하늘 벽
유리 사이 저녁 강 위로 가을이
뛰어간다

가시밭길에서

어느 날 갑자기 찾아온
낭떠러지 길, 천길 만길
끝없는 길을 헤매 도는 한 쌍의 비둘기
너무도 사랑했기에 고난을 무릅쓰고 만난 사이
둘이 한 몸으로 둥지 틀고
나눔을 벗 삼아 삼십여 년 살아온 당신들
헌신적인 모습이 얼마나 아름다운지
도움받기보다 도와주는 그런 사람이었지만
지금은 동행자 없는 외로운 길
자궁경부암 유방암 백혈병
암의 유전자를 갖고 태어났나요?
당신은 그런 병도 잘 견뎠는데,

뜻하지 않은 남편의 사고
정신지체 1급 지체장애 1급 판정
이 좁고 험준한 가시밭길
정녕 걸어야 합니까
주여! 이 여인이 과연 견딜 수 있을까요?
누구보다 위대한 여성이요
참으로 기구한 운명의 여인
"남편과 편안하게 식탁에 앉아 밥 한 그릇 먹는 게
소원이요"

여인이여!
앞으로 평탄하길 소망합니다

새롭게 단장한 네 모습

성큼성큼 시간이 달린다
아낙네 허리 휘어지는 김장철
고추 따다 정성 담고
마늘 캐다 기쁨 가득
믿음으로 잘 키운 파 뽑고
사랑 먹고 자란 배추 따고
봄내 곰삭은 젓갈 걸러서
이 손길 저 손길
겨울 살림 김치를 담근다
조상의 숨소리 들린다

가래떡을 뽑으며

두 갈림길 평행을 이루며 달려온 정착지
뽀얀 안개 속을 헤치며 만난 두 친구
정답기 그지없다
고향 향기 그리움으로 다가오고
부부의 정 나누지 말라 한결같은 길이와 거리
마음이 비단결이라 비단색
조상 숨결 느껴지는 백의 색
앞산 단풍잎처럼 색색 모여진 가래떡
모양도 가지각색
둥글게 살아가는 둥근 사람
정직만 생각하는 곧은 사람
모로 가도 세워지는 세모진 사람
사람 사람 사람
오래오래 정 나누는 따뜻한 숨결

묵히고 싶은 시간

초침 분침 시침이 몇 바퀴 굴렀을까
황혼의 끝자락에서 밤이 오기까지
접어야 할 시간
장롱 속에 고이고이 잘 개서
묵히고 싶은 시간
그 시간이 정란하게 소리친다
분침이 초침에게 너무 빠르다 하고
시침은 분침에게 빠르다 한다
그 틈새에서 찰나의 순간 내가 태어났다
수많은 보따리의 사연이 뇌리를 스치며
잠시 나를 돌아보게 한다
유심히도 오랜 날 병원 신세를 지게 된 한 해
잘 가라 배웅조차 하기 싫지만
내가 아니면 누구도 모를 일
이제 묵혀야 할 시간
종이배에 띄워 보내고
다시 오겠다는 시간
차곡차곡 바구니에 담는다

과거의 내가 현재의 내가 아니고
현재의 내가 과거의 내가 아니며
미래의 내가 현재의 내가 아니라는….

엄마가 보고 싶어요

아가가 운다
“엄마가 보고 싶어요”
세상에 태어난 지 10개월
방금 어린이집에 들어온 하늘반 영아
샌드위치 가게를 연 엄마
살아가는 것 그리고
슬피 우는 아가
하루 이틀 사흘
그렇게 운다
울다가 울다가
장난감에 눈을 돌린다
으응, 응 대꾸를 한다
조금씩 익숙해지나 보다
돌봄 교사
가슴이 미어진다

철없이 나이 든 나
비 오고 바람 불면
엄마 엄마가 보고 싶어요

길은 오르막이다

그림자로 피워진 꽃은
어두웠다

흰 구름 한 자락 베개 삼고
저녁노을 이불 삼아 보냈던
기나긴 세월
달콤하게 한숨 쉬며
이제 깨어나 바라본 길
울렁이는 그리움 속에
파도치는 물결은 놀이터가 되었고
저녁 강에 바람 타고
독무대 삼아 노닐던 세월은
허송이었다

여기저기 걸림돌은 현실에 덫
시간을 곱씹어
한 발짝 한 발짝 내딛는 발걸음
조심스럽다
길이 턱이다

4

바람 견딘 꽃

봄 / 새앙순 / 춤추는 봄 / 돌아본다 / 때 잊은 목련 / 덩굴장미 / 작은 몽돌 이야기 / 폭염 속 세상 열기 / 비릿한 휴가 / 피고지고 꽃 / 가을이 여물다 / 가을 소리 / 기약 / 아침의 종소리 / 가을 편지 / 심술난 겨울이 내려앉은 날 / 눈꽃 핀 날

봄

긴 의자 앞에 마주앉은 너
미동도 하지 않고 움츠렸던 너를 기다리며
한참을 그리워했다
사랑도 했다
넌 나의 마음을 아는지 모르는지
텅 빈 가슴으로 기다렸다
보고 싶었다
앞마을 실개천에도
뒷마을 영희네 담장에도
텃밭에 앉아서 냉이 캐는 순이에게도
알리는 새 소식
기대하고
기다린다
어서 빨리 너의 모습 보여주렴
겨우내 새롭게 단장하고
손님 맞을 채비 분주하다

새앙순

눈보라가 휘날리는
긴 터널을 지나
사월 봄

그리운 님
보고픈 님
만나러 찾아왔단다

일어나라
따뜻한 대지를 향해
깨어나라 새앙순아
겨우내
네 모습이 어떻게 변했을까

아픈 모습으로 나타나면
너를 치료해주고
슬픈 모습으로 나오면
꼭 안고 위로해 줄게
따뜻하고 포근한
이 넓은 가슴으로
꼭 껴안아줄게

춤추는 봄

겨울잠에서 부스스 깨어나
세상을 바라본다

봄기운이 하늘과 땅 사이에서
용솟음친다

실개천에 어른대는 아지랑이 따라
봄은 찾아왔다

꿈틀대는 생명의 용틀임
자리다툼 하는 새싹의 재잘거림
수줍게 머리 숙인 버들이
각양각색 독무를 펼친다

처녀의 옷맵시에 여미어진 봄
파도처럼 일렁이며
사랑 찾아 나선다

돌아본다

길도 사라진다
눈물이 빗물 되어
사방이 물바다로 파도친다
하늘이 화났다
어떻게 된 일일까

분명 낯익은 길인데
낯설기가 되었다
흔적도 없이 사라진 길
잠시 눈을 감고 뒤를 돌아본다
한숨이다

난 과연 어떤 삶을 살아왔을까
백합화처럼 곱디고운 자태였던가
아니면 모진 바람 잘 견딘 꽃잎이었을까
욕심 많은 사람 눈 가려 줄 안개꽃이었을까
아름다움을 뽐내는 사랑의 꽃이었을까
무슨 꽃이었을까

때 잊은 목련

아파트 담벼락 납작
엎드려 숨어 지내온 목련
발걸음 소리에 놀랐던가
누군가 몹시 그리웠던가
아니면 잠시 나들이 다녀왔는지
지구를 한 바퀴 돌고 와
계절을 잊었는지
화들짝 놀라 때를 알지 못하고
어쩜 잠시 공상에 잠기었나
미소 지으며 피어오르는 철부지
저러다 눈보라 휘날리면 어쩌나
다칠까 걱정된다
지금이 어느 때인가
지금이 어느 시기인가
망각에 빠져 세월을 느끼지 못한 목련
시행착오는 미래를 위한
자아실현이겠지

덩굴장미

유월의 자태를 뽐내며
말을 건넨다
아파트 단지 담장을 타고
만개한 꽃의 잔치가 벌어진다
오늘의 초대 손님을 기다리며
여기저기 야단법석이다
유모차에 아기를 태운 엄마
작은 전화기에 한 폭의 그림을 담아 본다
모두
추억의 그림을 그리며
기뻐한다
우리네 인생도
활짝 피었다 지는 것
새로운 도전 속에
예쁘게 꽃을 피우기 위해
땀으로 몸을 적신다

작은 몽돌 이야기

산골짜기 흐르는 물속에
살포시 숨어 있다가
거친 물살에 휩쓸려 모습이 드러났다
금방이라도 찌르듯 화가 난 돌칼
굽이굽이 올레 둘레길을 지나
머문 자리
깨어졌다
부서졌다
깎이어졌다
부딪혔다
세상살이에 골아 터지기도 했다
구겨진 마음 찢기어진 상처
버려야 할 것들
산다는 것은
가는 세월 잡지 못하고
끝없는 길 달리기
실개천 작은 몽돌로 구른다

폭염 속 세상 열기

한낮 기온 30도가 넘는다
가냘픈 어머니의 모시 적삼에도
철부지 손주의 이마에도
줄줄 흐르는 땀
노약자는 조심하라
병약자는 조심하라
아스팔트 도로까지 끓어오르지만
오직
날이 가면 갈수록 처마 밑 고드름처럼
냉랭한 기운이 도는 자리, 사람 마음
두렵고 무서운 세상이다

아우내 장터를 걷는다
만세 소리다
감싸주고
위로해주고
보듬어주는 세상의 열기
폭염
열대야
마음속 깊이깊이 스며들 거라
사랑의 열기

비릿한 휴가

수직으로 내리쬐는 햇살을 가로지르며 머문 곳
망상해변
파도보다 거센 인파의 일렁이는 모습
햇살보다 뜨겁다
한여름 바다는 지친 사람의 넓은 가슴 되어
보듬어준다

허기를 채우려 들어선 항
앉을 자리 먹을 자리 선뜻 내어주지 않고
한참 찾았을까
갓 잡아 올린 생선 빨간 눈으로 쳐다보며
발버둥 친다
휴식을 위해 머물러야 했던 곳
얼마나 많은 사람이 다녀갔는지

며칠째 그 냄새는
여전히 비릿하다

피고지고 꽃

산자락 굽이굽이
뭉게구름 몽실몽실
연분홍 치마 노란 저고리
곱게곱게 차려입고
바람 따라 세월 따라
울고 웃으며
고을 고을 촌락마다
꽃피고 꽃 지네
간밤 지새우며
피었다 또 지네
우리네 인생도 피고 지는
꽃
그윽한 향기로 아름답게 피우세

가을이 여물다

온 누리에
형형색색의 고운 이불 덮고
아가의 손 같은 아기단풍
할머니 얼굴 같은 누런 호박
산자락 바람맞고 탱글탱글 여물었다

풍요의 가을맞이
하늘 도심 수놓은
빛나는 꽃들의 아우성
햇살을 먹어 더욱 돋보이고
다가서도 물러서지 않는 이 가을
어우러진 코스모스
무리져 가을을 여물린다

가을 소리

어디서 들려오는 발걸음 소리
가을이 바쁘다고 빨간색 노란색
저마다 신호등 켠다

꽃은 짓이겨져야 향수가 되고
포도는 으깨져야 포도주가 된다
곡식은 도리깨질에
얻어맞아 부서지고 깨져야만
알곡이 나온다

삶이란 늘 평탄하지는 않다
힘들고 어려울 때
새롭게 출발하자

극복의 언어
배려의 언어
용서의 언어
가을이 남기는 발걸음 소리
나를 기다린다

기약

하늘이 내려앉아 속삭이는
희리산
반갑게 마중 나온 홍당 이파리들
손짓하며 미소 짓는다
천년을 살아도 변하지 않는 노송
듬직하다
연분홍 진달래
내일을 기약하고 떠났다
쌀쌀하고 어수선함은
틈새 끼어 있는 한숨 소리
개울가에 떠다니는 낙엽
멀리서 속삭이며
가슴을 포근히 덮어주는 흰 구름
가을을 영글게 한다
가을 자락에 머문다

아침의 종소리

친정집 삽짝 모퉁이
노란 물들이고 피어난 해바라기
열중쉬어 차렷
해를 향하여 앞으로 나란히 나란히
한쪽만 바라보며 살아왔다

세월은 칼바람
가슴 서럽게
손길 시리게
동이고 매어서 달려온 길
황소 같은 고집에 문을 열었다
붉은 간처럼 떠오르는 해
미련의 씨앗은 오늘의 디딤돌 되어
일으켜 세웠다
앞다투어 피는 꽃망울
생명으로
희망으로
열매로
조롱조롱 울타리 되어 촉촉이 적셔주는
아침 종소리

가을 편지

길 따라 발을 내딛노라니
바스락바스락
삼원색 어울려
음악을 들려준다
몇 발짝 걸었을까
가을을 가득 싣고 찾아온 국화향기
혼을 빼앗아 간다
누군가를 위해 기억되고
누군가를 위해 전해지는
가을의 편지
이리 뒹굴고 저리 뒹굴고
사연 사연마다
피고지고 피고지고

심술난 겨울이 내려앉은 날

겨울이 내려앉아 심술을 부린다
시야를 가릴 수 없이 밤새 펑펑 쏟아진 눈
눈 오는 날이면 거지도 옷을 빨아 입는다는
푸근한 날이라고 한 말은 옛말이다
영하 10도가 넘는 살갗 에이는 혹한
옆집 꼬마는 눈사람 만들려고 눈덩이를 굴리는데
이미
누군가 사람 키를 훌쩍 넘을 만하게 만들어 놓아
오가는 사람 미소 짓게 한다

집 앞 언덕배기 도로엔 미끄럼 타며 뒤엉키는 자동차들
손짓하며 아우성이다
도로 옆 모래주머니가 자동차를 언덕 위로 끌어올린다
산다는 것은 세상의 덫에서 이기는 것
허리 대수술 후 걷지 못한다 해서 울보로 살았는데
오늘
내 손으로 뿌려진 모래
참으로 흐뭇했다

눈꽃 핀 날

수평선 모습이 그려지는
꽃샘추위 속에
쏟아지는 눈꽃 송이
수채화 같다

작은 분자들의 반란이
환상의 꽃으로 피어난다
꽃들의 잔치다
겨우내
뒤뜰에서 홀로 서 있던 버드나무 가지에도
살포시 피운 눈꽃
3월이 안겨준 때아닌 선물이다

눈꽃을 바라보며
서로 감싸주기
따뜻한 정으로 하나 되기
허물은 덮어주기

눈꽃을 보며
내가 나를 피운다

5 내어주다

마중물

친정집 마당 모퉁이에
홀로 서 있는 펌프
세월을 말하고 있다
나들이 다녀와 목말라 찾던 곳
마중물 한 바가지로 힘을 솟궜다

땅에서 올라오는 생명력
한여름엔 시원한 물
한겨울엔 따뜻한 물

목표의 물을 위하여
건강의 물을 위하여
물질의 물을 위하여
재능의 물을 위하여
삐거덕
마중물을 붓는다

가는 자리

바다는 눈물이라네
멀리서 바라보는 태평양 한가운데
쪽빛 여름을 수놓은 푸르름이 찾아온 빛

가지가지 맘의 흔적들
여기저기 몸의 꽃빛들
바닷물 같은 짭조름한 눈물

어떤 이는
자식 위해 울고
남편 위해 울고
부모 위해 울고
형제 위해 울고
나라 위해 울고
가난에 울고
질병에 울고
이렇게 울고 저렇게 우는
삶의 흔적 바닷물

순풍의 배
마음껏 노 저어 눈물 거두네

그녀들

그
녀들
비참하게 차버린 그녀들
비난을 감수하며 그녀들의
명단을 낱낱이 살펴 공개한다
그녀들이 아우성치며 난리법석이다
그녀들

걸
girl
걸걸
girlgirl
걸 걸 걸
girl girl girl
더 노력하며 살 girl
더 신명나게 살 girl
더 열심히 공부 잘 할 girl
더 부모님 말씀 잘 들을 girl
더 운동 많이 해서 건강해질 girl
더 좋은 친구 만나 우정 쌓을 girl
더 좋은 책 성심껏 읽어 교양 채울 girl
더 여유롭게 해서 바쁘게 일만 하지 말 girl

더 나은 나를 위해 노력으로 좀 더 투자할 girl
더 노력하고 인내하여 후회하는 삶이 되지 말 girl

걸걸걸걸 girl girl girl girl 걸걸걸걸걸 girl girl girl girl girl
그녀 그녀가 그녀들이 인생 희망의 길을 막는 것은 아닌지?

보람

굼실굼실한 하루의 문을 여는 종
땡그랑 땡그랑
Life Cycle
생활주기를 본받아야 할 그 사람
섭씨 45도~50도의 무더위 속에
보람과 행복을 느끼며 즐거워하는 그 사람
하나님의 부름에 절대적 순응인가
오지의 땅 낯설고 물선 그곳
한 생명 한 생명
꺼져가는 불꽃을 살리면서
자신을 버리고 희생하는 그 젊은 사람

그곳에서 그렇게 생을 마감하다

발걸음조차 따라갈 수 없기에

탄생 그리고 영광
하늘 아래 첫 동네 베들레헴 말구유
나지막이 들려오는 빛의 아우성
당신의 태동 그리고 울림이여
하늘과 땅 그 거리 달려오심은
더는 견딜 수 없음을 아시고
행여 사랑하는 이 보고픈 이
세상 모서리에 다칠세라
제 몸 빚어 자식 낳고
일렁이는 세월 속에 곁가지 띄워 보내고
다 키운 자식 현실 덫에 걸려 넘어질까
타닥타닥 털어낸 빈자리
당신의 고귀한 생명 채워놓고
헝클어지고 영글지 못한 몸 구겨진 마음
당신의 초점에 맞추어
유혹당하는 마음조차 용서해 주시고
보살펴야만 이생을 통과할 수 있기에
하늘 영광 구름 되어 띄워 보내고
그리움으로 찾아온 당신
생을 충실하게 디뎌놓은
발걸음조차 따라갈 수 없기에
이 몸과 마음 바치렵니다

내어주다

가을빛이 머문 영평사 뒷자락
늦은 손님 마중 나온 지친 구절초
얼마나 시달렸던가
초췌하다
자연이 내어준 길의 먼지
산 가득 차마 못한 말
구구절절 사연 깊은 구절초
꽃은 이미 길 따라 가고
이파리 주고
줄기 주고
뿌리까지 내어주고
믿음 주는

벤세메스를 향해 묵묵히
어린 송아지 두고 떠난 암소
희생이란 글자가 몸소 배어
이 시대 마지막 헌신 봉사를
몸으로 가르쳐 준다

지금이 소중하다

순백이 품어지는 한해의 시작
울림으로 맞는다
가는 시간
오는 시간
세(歲)의 소중함은 달그림자에 묻는다
일(日)의 소중함은 해그림자에 묻는다
일간지 주간지 월간지 편집장
시간 때문에 속태운다
데이트하는 여인
잡을 수 없는 시간 때문에 속태운다
생명을 구하는 심폐소생술
일 분 일 초가 아쉽다
찰나,
하마터면,
큰일날 뻔,
다행이다.
순간순간의 시간
시간의 가치와 의미를 되뇌며
시간 속에 젖어본다

목련화 피고지고

가지가지 아름아름
하늘 향해 두 손 모아 기도하듯
어여쁜 아가의 손이려나
꽃피고
꽃 지고
잎 돋아나네
천년이 지나도
꽃과 잎은 만나지 못한다네

우리 인연도 그러했던가
영문과에 다니던 첫사랑
지금은 어디에서 무엇을 하는지
아마도 영어 선생님이 되었을 거야
목련처럼
지고 나야 피는 꽃과 잎처럼
우리는 다시 만나지 못할까

인생은 사계절

교회 담장 아래 동백꽃이
외롭게 바라보며 부른다

혹한을 견디기 위해
꽃잎 등에 지고 몇 바퀴 굴렀을까
인고의 생애를 더듬는다

봄기운 피우는 새싹
열정 태우는 여름
서늘한 가을
눈보라 치는 겨울
어느 한 계절 마다 않고 품어 안아 맺은
꽃봉오리
끈질기고 매서웠다

삶이란 예측하지 못하는 만남
고요하고 잔잔한 물결
마음마저 시원 한 날
가슴을 후벼 파는 시린 바람
느닷없이 몰아친 폭설
사계절에 비유하는 그게 인생이다

위험한 유혹

하루의 고단함을 감싸려는
푸근한 유혹의 손길
솜이불같이 위장하고 찾아드는 너
여러 가지 메뉴판을 들고 서서
이 핑계 저 핑계 잘도 둘러댄다
너의 속내는 무엇인가

어둠이 도심을 흐릿하게 포장하는 순간
발걸음 유혹하는 오렌지빛 물결
이리 보고 저리 보며
오늘의 초대 손님을 기다린다
삶에 지친 몸을 위로한다는 핑계로
오늘도 누굴 기다리는가

너의 간사한 계략에 빠진 이들을 위한 웅덩이
허우적거리며 헤맨다
거짓된 혓바닥을 잊지 못하며
술술 달래려는 너의 정체성은 무엇인가
나는 주류 협회장

현실의 덫이 무섭다고

경계경보 발령 중
몸살이 온 것 같다
더는 견딜 수 없다고 소리 없는 아우성이다
나비효과인가?
험산 준령 굽이굽이 돋는 가시채에 찢기어 가며
발자국 떼어놓고
뿌옇게 보이는 것들
다시 눈 비비며 앞을 내딛는다
동지섣달 문풍지에 여며 드는 칼바람
물보라 치듯 날아드는 수레바퀴의 전조작기(前造作期)
꽁꽁 얼어붙은 입자가 반란을 일으킨다
떠나야 하는 수많은 영혼
길조차 엉키어져 헤맨다
청령포야! 너는 내 마음을 알건만 대답이 없구나
얻은 게 있으니 잃는 것 또한 당연하지
내 작은 손바닥이
산을 가리우랴
바다를 가리우랴
하늘을 가리우랴
지구는 말한다
숨통 조이는 현실의 덫이 무섭다고

쉼 자리

신록이 코끝에 다가와 안내하는 길
올레 올레길
둘레 둘레길
끝자락에 자리 잡은
청주의 어느 병원

찾아오는 이
찾는 이의 마음
서러워라
고달파라
님의 마음 알아주듯
이파리들이 나뭇가지에 걸터앉아
벌이는 패션쇼

인생 마차 타고 달려온 여행길
현실의 덫에 걸린 몸
삐거덕 삐거덕
덜컹 덜커덩
건강의 마중물을 붓는 따뜻한 손길

아파도 수줍어 말 못하는
아픈 이의 가슴에도

그늘 자리
쉼 자리
내어주는 사랑

수다가 모여

첫아이 유아 시절에 만난 모임
교육문제 이야기하던 때가 엊그제
모처럼 봄나들이 애플비 레스토랑
너도나도 신나서
이것저것 먹는 만큼 늘어지는 옆구리 살
서로의 마음 활짝 열고
며느리 사윗감 이러쿵저러쿵
나라 걱정에 경제문제까지
박식한 중현 엄마 욱재 엄마
모두 박장대소

다리 아프다
허리 아프다
건강 걱정에 마음 쓰고
길원이 엄마 술 한 잔도 못 먹는
멍텅구리 모임

나무

아롱다롱 형형색색의
모양 모양들의 나무
외로워도
슬퍼도
힘들어도
과묵한 나무
지치고 곤한 때
넉넉한 마음 되어
마음자리
사랑자리
등대지기로
제자리 지키는 나무

눈치 없는 불청객

북극발
얼음 주머니가 터졌나 보다
골마다 눈 폭포 세례다
주인의 눈치도 모른 체
밤낮 찾아오는 불청객
반가울리 없다
철없는 아이들은
저마다 춤사위를 벌린다
사람들의 발걸음을 꽁꽁 묶으면서
미안해 하지도 않는다
쌓인 눈
넉가래에 파도치며 즐기고
그림 도화지 더는
수놓을 자리 없어질까
염려된다

비밀을 먹은 숲

몇 걸음만 걸어도 앞으로는 우암산
옆으로는 산성 거태산 숲으로 들어간다
바람이 먼저 마중 나와 인사하고
안내를 자청하고 달려온 소나무
듬직하게 반긴다
숲을 파고들면
개나리 진달래
연애하던 사연 들려주고
올곧은 대나무 두 눈 부릅뜬다
회초리 치는 참나무
숲은 짙어질수록 원시의 명분을 내세우고
바람은 지워진 길 채워주며
계곡은 갈증을 해소해주고
열매를 영글게 한다
만개한 찔레꽃 산딸기 소근소근
그림인 듯 걸치는 안개
숲은 내 어머니

봄이 온다

1.
時空間을 그림으로 펼쳐 새도 깃들고 달도 쉬는
소나무 한 그루
밑동이 잘린다 그 밤 꿈
꿈에는 매이지 마라 매지 마라
뇌이고 뇌이던 어느 날
"언니! 나 여기 좀 봐줘"
사랑하고 사랑하는 동생아!
나무뿌리 같은 혈관, 두 개의 혹
수만 볼트 전압에 찢어진다

산 속에 들어가 사세요
처방, 아홉수, 팔자소관
아니다 잡념이 꼬리 친다
안다 모른다 기야 아니야
귀하고 예쁜 내 동생
봄이 온다 또 봄이 온다

2.
동생은 수술도 못하겠다
연이은 구토만큼 여위어 간다
애간장이 탄다

바다가 왜 짠지 아세요
아픈 이의 눈물이요
“하나님! 내 동생, 내 동생”
“언니! 이제 괜찮아”
병원으로 동분서주 반년
항암주사 수술 방사선치료
공감으로 위로하고 나누라는 아픔
시련을 헤쳐나간다
봄이 온다 소생하는 봄이 온다

跋文 – 주정자의 시세계

낮은 자리에서 나를 푼다

– "하하, 웃음이랑" 익히고 삭히는 서정

증 재 록
(시인 · 한국문인협회 홍보위원)

1. 나랑 너랑 오늘을 펼친다

손을 휘저어도 아무것도 잡히는 것이 없다. 깜깜한 밤에 앞을 바라보기란 감각적이다. 미궁의 자리에선 살갗을 긴장시키고 귀를 쫑긋 세우고 두리번대며 만상을 펼친다. 어둠은 형태를 나타내 보일 수 없는 곳이지만 생명을 예비하며 씨앗이 발아 탄생하는 자리, 어느 곳으로 오르기보다 낮추어야 한다. 낮은 곳은 높은 곳과의 깊은 인연을 맺는다. 낮은 곳은 생성의 자리, 시 분 초의 숫자와 숫자 그 사이의 자리, 그곳에서 오늘을 푼다.

눈을 감으면 앞길보다는 지나온 뒷길이 선명하게 떠오른다. 그래서 돌아선다. 돌아서는 길은 흔적 파내기, 질척한 상처 드러내기, 거닐어 온 길의 주름은 8자처럼 골도 깊다. 돌고 돌아 만나고 만나서 다시 헤어지고 만나는 인생사, 그 자리에 서서 오늘을 펼치는 주정자 시인을 만난다.

주정자 시인은 막힘을 술술 풀어내는 재주가 있다. 웃음은 꽃이라더니 그의 얼굴은 늘 여린 웃음꽃이다. 여린 만큼 바람을 잘 탄다. 바람 한솔에 제일 먼저 반짝 비치는 눈물, 촉촉하다. 천생 시정이 무른 하하 웃음과 눈물이 많은 시인이다. 그래서 그의 필명 또한 하하 웃음이랑 함께하자고 '하랑'이다. 자꾸 졸이지 마라! 졸이면 소금이 나온단다. 자꾸 물을 타라! 물을 흥건히 타야 바다가 되지. "하하" 그 웃음이 얽힌 일을 풀어내는 열쇠였음을 이제서야 알겠다. 시인은 할 일도 많다. 그만큼 욕심도 많다. 기다리지 않는다. 담백하지만 외향적이라 성큼 대들어 손으로 잡고 발로 뛴다. 그래서 할 말이 많다. 바람같이 스쳐 지나가는 시가 아니라 이슬비처럼 촉촉 젖어드는 그의 이야기다. 학문을 연구하여 학위를 받으면서 펼쳐내는 시인의 이야기, 자신을 먼저 중심에 놓고 그 주위에 모든 사물을 배치하여 심고 뱅뱅 돈다. 중심에 내린 뿌리는 깊다. 비며 눈이며 바람에도 꿈쩍 않고 피어오르는 억새처럼 그가 풀어낸 마음엔 꽃이 핀다. 흔들릴수록 만발한다. 사방 휘휘 돌아내는 신명의 춤이 된다. 시상은 노래가 되고 웃음이 되고 끝내 울음이 되는 장을 연다. 그림처럼 한 장 한 장 파노라마로 펼친다.

2. 가까이 다가가서 조명하는 눈빛

소리는 말이 되고 말은 글이 된다. 언어의 표정으로 그림을 그리고 펼친 시는 모두 나의 이야기다. 자기의식이 동반되지 않은 상상은 공감과 설득력을 주지 못한다. 지난 한때 가시밭길 같다는 여자라는 자리에서 인고라는 것을 생각하고 그 품에서 싹터 성장한 시, 어둠 속에서도 가물가물 등잔

불 켜고 따스한 품으로 인도하는 시, 손을 잡아주고 마음을 열어주고 곁을 지켜주는 거기엔 무르익은 표정에서 만나는 올곧은 자리가 있다. 그 자리엔 연민의 헤아림으로 안온함이 있다. 내일의 자리를 눈치 채고 오늘을 파악하며 다듬는 자리, 예쁘게 포장하여 수식하는 게 아니라 단순한 듯하면서 소소하게 넘기지 못할 시가 공감을 준다.

남자의 여인으로
시어머니의 며느리로
아이들의 엄마로
다시 시어머니
그리고 손자들의 할머니로
한 바퀴 돌아오는
발걸음
발자국

마냥 묶어놓고 싶으련만
바람은 쉬지 않고 찾아와 동무하고
물소리는 쉼을 주는 자장가

내 과거는 아직도 진행형
엄마로 살아온 시간
때로는 물도 되고
때로는 불도 되는
난 여자, 그런 여자인데
집안 살림살이하는 도우미
밥상의 부스러기 치우는 머피
그보다도 조금 못한 존재

희생이란 단어가 잘 어울리는
그런 엄마,
엄마도 여자란다

―〈여자로 태어나서〉 전문

서로의 눈빛이 마주쳐 운명 같은 사랑을 하며 만난 한 남자의 여인, 살다 보면 이런저런 울타리를 엮게 된다. 그렇게 현재를 살고 있다. 어제와 오늘과 내일을 말하지만, 어제의 선택이 오늘의 내가 되었고 내가 오늘을 살고 있는 것이다. 과거는 아직도 진행형이라는 주제에서 드러난 지금의 나다. 여자로서 그 사랑이 그대로 존재하고 있다는 시인은 미래라는 것도 과거에서 비롯됨을 말한다. 시인은 관념에서 대상을 펼치며 과거는 현재고 미래라는 의미를 확보한다. 진실을 마주하면 모든 책임은 자신에게 있고 엄마라는 운명은 스스로 헤쳐 나가기 위한 노력에 이른다.

당신 쪽을 바라보며 살아왔다
뒤를 돌아보지 않았다
이정표 하나에 두 길
숨 고를 새도 없이 달려온 길
허기를 채우지도 못한 가파른 길
벼랑까지 내몰리던 작은 움집
무명의 사연들
아무도 탓하지 않으리
지금까지 달려온 길
조이고 동이고 매어서 쩍쩍 갈라졌다
삶의 고개들이 어른거린다
시작도 담고

끝도 담아
자신을 깨닫는다
당신의 발자국에 시린 가슴 기대본다

—〈빛진 인생〉 전문

일상의 길에서 궤도를 점검하여 바라보아도 언제나 당신 쪽이었던 눈길, 작은 사연 속에서 진실은 감동의 문을 연다. 시적 대상에 가까이 다가가서 조명하는 눈빛이 젖어온다. 나에게서 너에게 이르는 길로 달려야 했던 초조로움은 고개가 많아서였다. 오름에는 갈증을 주지만 오르면 희열로 승화한다. 비로소 자신을 알아차리고 은혜와 사랑에 충만하여 존재를 낮춘다. 자신을 고백하는 양식으로 고달픔과 애달픔이 간직된 지난날을 불러내어 대면한다. 어둠이 깊어져야 별은 빛나듯 찬바람의 지난날이 오늘의 문을 따뜻하게 연다.

소담스럽게 덮여
시간조차 멈춰버리게 한 눈
진한 겨울을 맛보게 한다
덜커덩 윙윙
눈길도 거센 칼바람으로 마중하고
틈새로 스며든 햇살이 몽실몽실 피어나는 곳
한 걸음 한 걸음 발자국 남기며
가파른 고갯길 헤매다 머문 자리
고향의 숨소리 느껴지는 외로운 집 한 채
쉴 곳을 내어줘 허기를 채워준 곳
계곡은 나를 푸근히 감싸주고
물소리에 젖는 향수

내일을 달리는 굽이진 발자국
숨이 산울림으로 턱에 차 정상에 오른
그날 그곳

—〈허기를 채워준 곳〉 전문

허기를 채워준다, 거기엔 미각과 후각 그리고 추억의 맛에 포만감과 만족감까지 충족시켜주는 감동이 있다. 그중에서도 제일은 사랑과 인정에 배가 고프면 떨리는 통증이 온다. '배고프다.'라는 은유 안에서는 탄생과 성장의 진한 향수가 가장 절절하리라. 가난에 배고팠고 시간에 배고팠던 그 시절 때문에 오늘을 배불리 세우고 사랑하며 회상한다. 언제나 오르려 했던 그 정상에 이르러서 새겨보면 허기진 것은 몸이 아니라 마음이었다. 여기엔 너와 나의 관계가 있다. 따뜻하게 바라봐주고 포근하게 안아주는 서로의 그리움과 보고픔, 오늘의 삶이란 유형무형의 허기를 채우기 위하여 살아가는 것이리라.

긴 의자 앞에 마주앉은 너
미동도 하지 않고 움츠렸던 너를 기다리며
한참을 그리워했다
사랑도 했다
넌 나의 마음을 아는지 모르는지
텅 빈 가슴으로 기다렸다
보고 싶었다
앞마을 실개천에도
뒷마을 영희네 담장에도
텃밭에 앉아서 냉이 캐는 순이에게도
알리는 새 소식들

기대하고
기다린다
어서 빨리 너의 모습 보여주렴
겨우내 새롭게 단장하고
손님 맞을 채비 분주하다

—〈봄〉 전문

봄은 움츠렸던 몸을 들뜨게 하고 희망에 차게 한다. 불의 온기가 다가온다는 봄에는 생명을 새로 본다는 뜻도 있다. '새롭다'라는 말에는 시작이라는 의미가 담겨있어 사랑도 불을 지핀다. 기다리고 만나 맞고 안으면서 사랑은 탄생한다. 물소리 바람 소리에도 충만한 사랑의 소망으로 흥을 돋우고 기쁨이 넘쳐난다. 그립다, 그것은 지난날의 추억이 다시 싹터 오르길 기도한다. 봄에 대한 기대가 분주하다. 곁으로 다가서는 봄 안에 감정을 표현하여 의미를 만든다. 너는 시간의 대상이다. 네가 다가와 맞을 준비가 부산하다. 그건 희망이기 때문이다. 탄생이 아니고서는 어찌 성장이 있을까, 봄은 내일의 시작이다.

아롱다롱 형형색색
모양 모양의 나무
외로워도
슬퍼도
힘들어도
과묵한 나무
지치고 곤한 때
넉넉한 마음 되어
마음자리

사랑자리
등대지기로
제자리 지키는 나무

—〈나무〉 전문

사람이 생활하는데 기본이 되는 옷과 음식 그리고 집을 통틀어 이르는 말인 의식주는 자리 차지하기다. 입고 먹고 잠자는 그 자리인, 일자리 먹을 자리 잠자리에는 환경 기후 계절과 풍습은 물론이고 역사와 전통까지 스며있다. 너와 내가 소통하며 함께 있고 싶은 사람은 마음을 나누며 어울릴 수 있는 사람일 것이다. '어우러진다.'라는 말은 한데 섞여 '함께' 라는 얘기, 각각 독특한 마음과 사랑의 색을 어울려 아름다운 무지개를 이루듯 동반하는 것이다. 대지를 푸르게 하는 형형색색의 나무에서 삶의 어울림을 본다. 사시사철 희로애락을 함께 하는 삶은 나무의 자리다. 마음을 꺼내어 나눌 수 있는 자리. 해, 바람, 물의 변화에 존재가치를 느끼게 하는 나무의 자리는 푸근하다.

3. 웃음으로 감싸는 존재의 자각

시상을 그리는 마음은 참으로 아름답다. 그 시상을 시로 쓴다는 것은 자신만의 더듬이로 만물을 접하는 것이다. 그 안에서 자신의 정감적 가치를 찾는다. 하하하 웃으며 너랑 나랑 함께 가자, 하나님의 사랑을 사모하는 이랑 함께하는 주정자 시인의 품은 넓다. 주정자 시인은 아호(雅號)를 '하랑' 이라고 한다. 하랑 주정자 시인이 하하하 웃으며 자기의 심적 호소를 담아낸 시를 모아 엮으며, 포근하게 쉴 수 있는

집을 마련한다. 시의 집안은 단조롭지만, 열정과 차분하게 배치한 언어의 직조가 숨소리를 길게 풀어 마음을 푸근하게 하여 원형 심상을 발견하게 한다.

한때 큰 아픔이 찾아와 누워 있어야 할 정도에 이르렀을 때 병상이 오히려 깨우침을 주고 성찰하게 하여 깊은 학문의 길을 거닐게 된 주정자 시인은, 살아오면서 느끼고 안았던 체험의 시선을 모아 대상과 일체감으로 의미를 포착한다. 처음부터 끝까지 개개의 시 편편을 하나의 이야기로 풀어나가듯, 견디며 살아온 경험을 구체적인 형상으로 펼친다. 추상이나 형식이 아닌 자잘한 묘사로 그려진 구상과 순수한 조형으로 선명한 문장을 써서 마음을 그린다. 선명하다는 것은 그만큼 나를 스스럼없이 드러냈다는 것이다. 허상이 아닌 진실로 아픈 몸과 마음을 풀어내 치유를 하며 펼친, 그래서 자신이 쓴 시가 자신에게는 가장 좋은 시다. 주정자 시인은 시집을 펴내면서 시집 제목을 어떻게 붙일까 가장 고민을 하였다. 견디다. 닦다. 만나다. 내어주다. 피운다. 여물다. 라는 의미를 모두 담고 싶은 그래서 그 모두가 삶이었든 사물이었든 「자리」라는 결론에 이르렀다. 자리, 주정자 시인이 펼쳐놓은 자리에 앉으면서 아늑하고 푸근함을 느낀다.

시를 읽으면서 느끼는 설렘 그리고 나의 일인 양 다가서는 감동, 그것은 내가 하고 싶은 이야기를 대신해주고 풀어내 주는 나의 부족함을 채워주는 치유과정이기도 하다. 주정자 시인의 시는 진솔한 자기 고백으로 난해한 언어질서를 제자리로 끌어다 놓는다. 거기엔 삶의 기본인 진선미가 있다. 참되고 착하고 아름답다는 것은 용기와 용서와 시인이

추구하는 가치다. 거짓은 진실함에서 몸을 숨기고, 악은 선에서 눈물을 흘리며, 추함은 아름다움에서 사라진다.

주정자 시인은 늦은 나이에 대학교를 졸업 학위를 취득, 하고 싶은 일들이 너무 많다. 그는 꿈만 꾸는 것이 아니라 현실적으로 행동한다. 공유하고 있는 세상살이에서 시인의 심상은 마음을 위무하는 종소리다. 시의 행로는 웃음으로 감싸는 존재의 자각이다. 편안하고 단순하고 온화하게 그려진 구상화에서 생명력 넘치는 지혜를 터득한다.